HAYMON verlag

Bernhard Aichner

TIROL

Mit Texten von Georg Hasibeder

herzlich
[illegible]

TIR

Gedruckt mit freundlicher
Unterstützung durch die
Kulturabteilung des Landes Tirol.

Auflage:
4 3 2 1
2014 2013 2012 2011

HAYMON verlag
Innsbruck-Wien
www.haymonverlag.at

ISBN 978-3-85218-698-6

Umschlag- und Buchgestaltung:
hœretzeder grafische gestaltung,
Scheffau/Tirol

Gedruckt auf umweltfreundlichem,
chlor- & säurefrei gebleichtem Papier.

Fotografische Mitarbeit:
Bernhard Geiler

Bernhard Aichner

TIROL

Mit Texten von Georg Hasibeder

Tirol ist ein Land der schönen Gegensätze. In kaum einer anderen mitteleuropäischen Region sind die Kontraste so groß, liegen sie so nahe beieinander wie hier. Man erlebt Tirol als unberührte, wilde Natur in Hochgebirgslandschaften, in die kaum je ein Mensch seinen Fuß setzt, und man erlebt es als dicht besiedeltes Land auf einer Fahrt durch das Inntal. Man erlebt Tirol in einem abgelegenen Bergbauerndorf oder einer Almsiedlung, wo die Zeit stehengeblieben zu sein scheint, und man erlebt es auf den großzügigen, modernen Plätzen und Straßen der Städte.

Gegensätze: Das bedeutet Widersprüche, Brüche, Differenzen, zugleich aber auch eine unschätzbare Vielfalt, die den Reichtum Tirols ausmacht. Diese Vielfalt des Landes haben wir erkundet und in Bilder gefasst – Bilder, die unseren persönlichen Blick auf den Reiz und die Schönheit des Landes zeigen.

Wir unternehmen in diesem Bildband eine Reise durch Tirol entlang seiner Gegensatzachsen. Diese Reise führt über die Pole, zwischen denen sich das Land erstreckt. Sie zeigt, wo seine Kontraste aufeinanderprallen, aber auch, wo sie ineinander übergehen, einander befruchten und ergänzen. Und sie macht deutlich, dass die Schönheit Tirols überall zu finden ist – auch an

VORWORT

Orten, an denen man sie nicht vermuten würde. Geht man mit offenen Augen durch das Land, findet man nicht nur die Postkartenidyllen von Almwiesen und verschneiten Berghängen oder die großen Kulturschätze des Landes. Man begegnet auch einer Schönheit, die in den Details liegt und sich all jenen erschließt, die das Land in Ruhe und mit wachem Blick erkunden.

Das Schöne liegt oft so nahe, so vieles in diesem Land gibt es noch zu entdecken. Wir laden Sie ein, uns in diesem Buch auf unserer Reise durch das österreichische Bundesland Tirol, vom Außerfern bis Osttirol, zu begleiten und das Land in seiner Vielfalt kennenzulernen.

Wie der Turm einer mittelalterlichen Burg ragt die Torsäule in den Himmel über dem Gschnitztal.

BERG UND TAL

3.333 m – so viel beträgt der Höhenunterschied zwischen dem tiefsten Punkt Nordtirols an der Grenze zu Deutschland bei Erl (465 m) und dem höchsten, dem Gipfel des Großglockners (3.798 m). Wobei: Die Frage nach dem höchsten Berg Nordtirols ist eine umstrittene, muss doch der Gipfel des Großglockners mit Kärnten geteilt werden (die Grenze verläuft durchs Gipfelkreuz), während die 30 m niedrigere Wildspitze ganz alleine den Tirolern gehört.

Aussagekräftiger noch als diese Zahl von 3.333 m ist aber eine andere: Von den 12.640 Quadratkilometern, über die sich Tirol erstreckt, werden nur etwas mehr als 10 % als Siedlungs- oder Wirtschaftsfläche dauerhaft genutzt. Den weitaus größten Anteil an der Fläche Tirols nimmt das Gebirge in Anspruch, in dem der Mensch zwar da und dort seine Spuren hinterlässt, das zum Großteil aber pure Wildnis ist. Umgekehrt drängt sich das Leben auf den begrenzten und engen Flächen der Täler, insbesondere im Inntal, in dem zwischen Telfs und Wattens eine Ortschaft in die nächste übergeht. Aber auch in den großen Nebentälern, dem Wipptal, dem Ötztal, dem Zillertal, sowie in Osttirol im Lienzer Becken ist kaum ein Fleck nicht verbaut oder bewirtschaftet. So überrascht es auch nicht, dass die Besiedlungsdichte in den dauerhaft bewohnten Gebieten in Tirol mit 468 Einwohnern pro Quadratkilometer extrem hoch liegt, während andererseits weite Teile des Landes unbesiedelt sind.

Hier die Urlandschaft des Gebirges, dort die Täler mit ihren Städten, Dörfern, Straßen und Gewerbegebieten – an kaum einem anderen Punkt wird der Reiz dieses Gegensatzes so deutlich wie auf der Nordkette oberhalb von Innsbruck: Schaut man nach Süden, blickt man hinab auf die Stadt, die den Kessel am Kreuzungspunkt von Inn- und Wipptal komplett ausfüllt. Dreht man sich aber um 180 Grad nach Norden, schaut man ins Karwendel mit seinen Steinwüsten und Schotterkaren, eine Landschaft, die nicht dafür gemacht ist, sich in ihr länger als für eine Bergtour – oder maximal einen Almsommer – aufzuhalten.

Ebenso reizvoll wie diese harten Kontraste von Berg und Tal sind jedoch auch ihre Berührungspunkte – dort, wo die Zivilisation ihre Arme die Berghänge hinauf ausstreckt. Die Menschen in Tirol haben schon früh erkannt, dass die Täler zu eng sind, um das Land und seine Bewohner versorgen zu können. So wuchsen die Siedlungen im Mittelalter nicht nur in die Nebentäler hinein, sondern auch bergwärts. Vor allem im Tiroler Unterland wurden an den Hängen große Flächen gerodet und Höfe oder Bauernsiedlungen errichtet, denen große Weideflächen zur Verfügung standen. Bis heute sind die Hänge – etwa im Zillertal, im Alpbachtal oder im Brixental – bis auf eine Höhe von ca. 1.200 m hinauf wie gesprenkelt von zahlreichen Bauernhöfen.

Ebenso reizvoll wie diese harten Kontraste von Berg und Tal sind jedoch auch ihre Berührungspunkte – dort, wo die Zivilisation ihre Arme die Berghänge hinauf ausstreckt.

Dort, wo die letzten dauerhaft bewohnten Siedlungen enden, beginnt die Almenregion. Die Nutzung der Bergweiden über die Sommermonate hatte für die Tiroler Bauern seit jeher enorme Bedeutung: Während das Vieh sich auf den Almen sattfraß, konnte man von den Talweiden Heu gewinnen, um die Tiere für den Winter zu versorgen. So war es den Bauern möglich, auch mit relativ kleinen Landflächen überdurchschnittlich viel Vieh zu ernähren. Bis heute werden in Tirol jährlich knapp 200.000 Tiere auf die Almen getrieben – in erster Linie Kühe und Schafe, aber auch Ziegen und Pferde.

Die meisten der rund 2.200 Tiroler Almen werden in einer Dreistufenwirtschaft genutzt: Nach dem Almauftrieb, meist rund um Pfingsten, kommt das Vieh zuerst für einige Wochen auf den Niederleger, wo sich die Vegetation vom Bergwinter schon erholt hat. Einige Wochen später, wenn die Weiden am Niederleger kahlgefressen sind und die Gefahr von Wintereinbrüchen gering geworden ist, wird das Vieh an oder über die Waldgrenze auf den Hochleger getrieben, wo es den Hochsommer verbringt. Gegen Ende der Almsaison macht man noch einmal Zwischenstation am Niederleger, wo das Gras auf den Weiden inzwischen wieder nachgewachsen ist. Im Spätsommer oder Frühherbst kehrt das Vieh schließlich in die Ställe zurück.

Während Hoch- und Niederleger in Tirol vor allem von Kühen beweidet werden, ziehen noch eine Stufe höher Schaf- und Ziegenherden über die kargen, aber weitläufigen Bergmatten. Sie verbringen den Sommer unter sich – nur hin und wieder bekommen sie Besuch von einem Hirten, der nach dem Rechten sieht und die Tiere mit Lecksalz versorgt.

Neben ihrer Bedeutung als Siedlungsgebiet und Landwirtschaftsfläche sind die Berge Tirols heute vor allem als (Nah-)Erholungsraum und Freizeitareal wichtig geworden – nicht nur für die Tiroler, sondern auch für Touristen. Seit dem Beginn des modernen Alpentourismus im 19. Jahrhundert ist die alpine Landschaft wohl das größte Kapital des Landes. Schon ab den 1870er Jahren begannen vor allem die Sektionen des deutschen Alpenvereins, in Tirol Berghütten zu errichten, um ihren Mitgliedern Stützpunkte für Touren in den Alpen bieten zu können – das ist der Grund dafür, dass sehr viele Alpenvereinshütten nach deutschen Städten benannt sind. Als der Kitzbüheler Tourismuspionier Franz Reisch 1893 den Skisport nach Tirol brachte, wurden die Berge auch im Winter für den Tourismus interessant. Ab den 1920er Jahren wurden Seilbahnen gebaut, um den Skisportlern den mühsamen Aufstieg zu Fuß zu ersparen: Der Kitzbüheler Hahnenkamm, die Zugspitze, der Patscherkofel und die Seegrube bei Innsbruck wurden mit Bahnen zugänglich gemacht.

Knapp hundert Jahre später gibt es kaum einen Berg in Tirol, der nicht mit markierten Wanderwegen erschlossen ist, kaum eine Gebirgsgruppe, in der sich nicht ein Skigebiet findet. 15.000 km Wanderwege durchziehen Tirol – das ist eine längere Strecke als von Innsbruck nach Südafrika. Im Winter gibt es mehr als 5.000 km präparierte Skipisten, auf denen rund 1.200 Skilifte pro Stunde 1,5 Millionen Menschen bergwärts befördern können – mehr als die doppelte Einwohnerzahl Tirols.

Wie viel Erschließung die Berge aushalten können, ist eine Frage, die heute Politik und Bevölkerung beschäftigt und manchmal auch heiß diskutieren lässt. Dabei hat sich in den vergangenen Jahren immer mehr das Bewusstsein durchgesetzt, dass Tirol ein Gleichgewicht zwischen unberührter Natur und touristischer Nutzung braucht. So stehen den tausenden Pistenkilometern 74 Schutzgebiete gegenüber, die gemeinsam knapp ein Viertel der Landesfläche umfassen. Sie sorgen dafür, dass es in Tirol auch weiterhin noch alpine Urlandschaften gibt, in denen die Menschen nur zu Gast sind. ■

Ebene Flächen sind rar in Tirol, viele Bauern sind schon in früheren Jahrhunderten auf die Berghänge hinauf ausgewichen. Viele dieser Steilhänge können bis heute nicht mit Maschinen bewirtschaftet werden und erfordern harte Handarbeit.

Durch das Wipptal führt mit der Brennerautobahn – hier die Brücke über das Obernbergtal am Fuß des Sattelbergs – eine der wichtigsten Transitrouten Mitteleuropas.

Schnurgerade wie eine Grenzlinie durchzieht eine Straße die frisch gemähten Bauernwiesen auf dem Mieminger Plateau.

Die Pfafflar Alm im Bschlabertal auf der Nordseite des Hahntennjochs zählt zu den ältesten erhaltenen Höhensiedlungen Tirols.

Bis auf 1.200 m Höhe sind die Sonnenhänge des vorderen Zillertals von Bergbauernhöfen übersät.

Das Zemmtal, ein Seitenarm des Zillertals, leitet in das Herz der Zillertaler Alpen mit mächtigen Gletschergipfeln wie dem Großen und Kleinen Greiner (links und rechts im Hintergrund).

ROT-WEISS-ROT Die Rote oder die Weiße Spitze kann man von der Osttiroler Oberstalleralm aus besteigen. Trotzdem lässt sich hinterher schwer sagen, auf welchem dieser beiden Gipfel der Defregger Alpen man nun gestanden ist: Denn den Berg, den man im Villgratental im Süden als Weiße Spitze kennt, nennen die Bewohner des Defreggentals nördlich davon Rote Spitze – und umgekehrt.

Inmitten der sanften Grasberge des Tiroler Unterlandes erheben sich die bizarren Türme und Felswände des Wilden Kaisers – hier mit der Ackerlspitze, dem zweithöchsten Gipfel der Gebirgsgruppe.

16 alte Holzhütten, die sich rund um eine kleine Kirche scharen: die Oberstalleralm (1.864 m) am Ende des Villgratentals in Osttirol.

Der Name von Farst im Ötztal kommt vom Lateinischen „foris“, was so viel bedeutet wie „außerhalb“ – eine durchaus treffende Bezeichnung für diesen Weiler, der 500 Meter über dem Talboden am Steilhang oberhalb der senkrechten Engelswand zu kleben scheint.

In Heustadeln – hier in Obertilliach in Osttirol – lagert das Heu, bis es im Winter in die Ställe gebracht und an das Vieh verfüttert wird.

GRASWIRTSCHAFT ALT UND NEU Die meist weißen Plastikballen sind ein vertrauter Anblick auf den Tiroler Feldern geworden. Sie sind sozusagen Futterkonserven für die Wintermonate – das frisch gemähte und noch feuchte Gras wird in ihnen zusammengepresst und vergärt unter der Plastikhülle zu Silage. Doch nach wie vor gibt es in Tirol auch Bauern, die auf traditionelle Art und Weise Heu herstellen, indem sie das gemähte Gras auf „Heumandln“ kunstvoll zum Trocknen auftürmen.

Auf den ersten Blick scheint es, als würden mit Feldern und Äckern geometrische Figuren in die Erde gezeichnet. Aus der Ferne betrachtet, ergibt das einen dichten „Fleckerlteppich“, der deutlich macht, dass in vielen Tälern Tirols kaum ein Stück Boden unbewirtschaftet bleibt.

Sanfte Grasberge, die bis zu den Gipfeln hinauf als Weidefläche genutzt werden können, sind charakteristisch für das Tiroler Unterland und seine Seitentäler wie das Brixental.

Kühe grasen auf den frühsommerlichen
Mittelgebirgsweiden bei Rinn nahe Innsbruck.

Die Wiesen des Obernberger Tals wurden früher als Hochmahd bewirtschaftet.
Das Bergheu lagerte man bis zum Winter in oft jahrhundertealten Holzstadeln ein.

Die hoch gelegenen Bergmatten
im Kühtai werden traditionell auch
als Sommerweide für Pferde genutzt.

DER LETZTE GIPFEL Heute ist die Zugspitze mit 2.962 m der höchste Berg Deutschlands – das war aber nicht immer so: Früher besaß die Zugspitze drei Gipfel, von denen der Westgipfel – über den die Grenze zwischen Bayern und Tirol verläuft – mit 2.964 m der höchste war. 1930 trug man den Mittelgipfel ab, um Platz für eine Seilbahnstation zu schaffen, 1938 wurde der Westgipfel gesprengt, weil die Wehrmacht hier einen Flugsicherungsturm erbauen wollte – der nie realisiert wurde. So blieb der ursprünglich zwei Meter niedrigere Ostgipfel als höchster Punkt der Zugspitze übrig.

Oberhalb von Ehrwald fallen die Westabstürze der Zugspitze steil ab.

Ein Kruzifix, umrahmt von zwei Jagdtrophäen: Wandschmuck an der Unterrheiner Alm (auch Unterreins Alm) im Obernbergtal.

Unten bunte Frühlingswiesen,
die Berggipfel oben noch im Schnee:
der Talschluss des Gschnitztals.

LAND DER WÄLDER Mehr als ein Drittel der Fläche Tirols ist mit Wald bedeckt. In erster Linie sind es Nadelbäume, vor allem Fichten, die die Berghänge vom Talboden bis in die Almregionen bewachsen. Noch weiter oben gedeihen Lärchen-Zirben-Wälder, deren Bäume oft von Wind und Wetter bizarr geformt sind. Laubwälder machen nur zehn Prozent der Tiroler Wälder aus; dennoch sind sie für den wohl schönsten Baumbestand im Land verantwortlich: den Ahornboden im Karwendel (links), wo bis zu 600 Jahre alte Bergahorne eine einzigartige Naturlandschaft formen.

Die Felstürme der Lienzer Dolomiten
ragen aus den Nebelschwaden.

NAH AM HIMMEL „Viele Wege führen zu Gott, einer geht über die Berge“, sagte einmal der für seine Volksnähe beliebte Bischof Reinhold Stecher. Zweifellos haben die Berge in Tirol auch eine religiöse Dimension. Sichtbares Zeichen dafür sind die Gipfelkreuze, die hunderte Berge im Land zieren – ein besonders schönes Beispiel dafür ist das Gipfelkreuz am Grubenkopf an der Grenze zu Südtirol. Kreuze als Markierungen an wichtigen Punkten – z.B. auch Alm- oder Gemeindegrenzen – sind in Tirol schon seit dem Mittelalter bekannt. Der „Boom“ der Gipfelkreuze begann erst mit der touristischen Erschließung der Alpen und erreichte seinen Höhepunkt im frühen 20. Jahrhundert, als zahlreiche Gipfelkreuze von Kriegsheimkehrern zum Dank für ihre glückliche Rückkehr in die Heimat errichtet wurden.

Trotz seiner eher bescheidenen Höhe von 2.344 m ist das Kellerjoch, der Hausberg von Schwaz, ein hervorragender Aussichtsberg. Am Kreuzjoch, dem Hauptgipfel dieses kleinen Massivs, steht eine hölzerne Kapelle, die auf einen 1536 von Tuxer Bergknappen errichteten Bau zurückgeht.

Im Bergfrühling zwischen Juni und Juli blühen die Almrosen auf den alpinen Matten wie hier im Kühtai.

Im Abendlicht zeichnen sich die Kämme der Kitzbüheler Alpen nördlich des Gerlospasses scharf ab.

Das Kühtai, der Passübergang zwischen Sellrain- und Ötztal, hat zwei Gesichter: Einerseits ist es eines der beliebtesten Bergsportgebiete Tirols mit einer Vielzahl von Pisten, Klettersteigen, Ski- und Bergtourenrouten. Andererseits ist das Kühtai auch ein Zentrum der Wasserkraftwirtschaft in Tirol mit zwei großen künstlichen Speicherseen, dem Finstertaler und dem Längentaler Stausee.

Die Kalkkögel, die „Dolomiten von Nordtirol“: Hier wurde zuletzt in den 1980er Jahren Tiroler Alpingeschichte geschrieben, als eine junge Generation von Kletterern zahlreiche anspruchsvolle und durch das brüchige Gestein auch gefährliche Routen eroberte.

Eis und Schutt des Gletschers haben diesen Felsen über Jahrtausende hinweg glattgeschliffen und die typischen Gletscherschrammen wie ein Muster eingeritzt.

Schroff und abweisend breiten sich
die Bergketten des Karwendelgebirges
hinter der Nordkette aus.

Meterhoch wälzen sich die Eismassen
des Sulzenau Ferners unterhalb des
Aperen Freigers eine Felsstufe hinab.

KÖNIG SERLES Der Sage nach soll einst in Tirol ein Bergkönig namens Serles gehaust haben, dessen Grausamkeit und Jähzorn niemanden verschonten. Als sich einmal Hirten zum Schutz ihrer Herde seinen Jägern in den Weg stellten, hetzte er seine Jagdhunde auf sie. Daraufhin brach ein schreckliches Gewitter los, und als die Wolken wieder abzogen, waren der König und seine Begleiter zu Stein erstarrt. Seither wacht König Serles als weithin sichtbare Felspyramide über Tirol.

Sonnenaufgang am Gipfel der Serles.

Rund zehn bis dreißig Meter im Jahr fließen die Alpengletscher talwärts. In der stetigen Bewegung des Eises bilden sich Spalten und bizarre Eistürme.

GRÜNE STEINE Als Höchster unter den Österreichern bietet der Großglockner (3.798 m) dem Bergsteiger, der sich bis zum Gipfel emporgekämpft hat, ein atemberaubendes 360°-Panorama, dem sich nichts in den Weg stellt. Dass der Großglockner seine Konkurrenten überragt, hat geologische Gründe: Er besteht aus Chloritschiefer und Grünstein, einem äußerst seltenen umgewandelten Vulkangestein, das härter und widerstandsfähiger ist als der Kalkglimmerschiefer der umgebenden Berge und deshalb im Lauf der Jahrmillionen weniger stark abgeschliffen wurde.

WER IST DER GRÖSSTE? Auf die Frage nach dem höchsten Gipfel Tirols gibt es drei Antworten: Wer unter Tirol das Land in seinen Grenzen vor 1919 versteht, wird den Ortler (3.905 m) nennen, der in Südtirol liegt, also auf heute italienischem Staatsgebiet. „Offiziell" höchster Gipfel Tirols ist der Großglockner (links, 3.798 m), der allerdings nur zur Hälfte Tiroler ist – die andere Hälfte des Berges gehört Kärnten, die Grenze verläuft direkt durchs Gipfelkreuz. „Inoffiziell" meint man in Tirol daher, wenn man vom höchsten Berg des Landes spricht, meist die nur unwesentlich niedrigere Ötztaler Wildspitze (unten, 3.768 m) – die darüber hinaus den Vorzug hat, dass ihr Gipfel in einer relativ unkomplizierten Tagestour vom Pitztaler Gletscherskigebiet aus erreicht werden kann.

Vom Eisjoch am Stubaier Gletscher öffnet sich ein weites Panorama in die Ötztaler Alpen mit dem Gaiskogel (3.128 m) als zentralem Blickfang.

Am Kitzbüheler Horn mit seinem markanten Sendeturm wurde Tiroler Tourismusgeschichte geschrieben: Am 15. März 1893 unternahm der Kitzbüheler Skipionier Franz Reisch hier die erste bekannte hochalpine Skiabfahrt in Tirol.

Ein Paragleiter, eben vom Gipfel des Thurntalers gestartet, fliegt auf die Lienzer Dolomiten zu.

Wintersport inmitten der hochalpinen Bergwelt: Eine frisch präparierte Skipiste im Kühtai.

Die Panoramaplattform am Tiefenbachkogel ermöglicht einen offenen Blick auf die Ötztaler Gletscherwelt mit der Wildspitze.

Die Ruetz schlängelt sich im hinteren Stubaital
durch eine tief verschneite Winterlandschaft.

Der Wechsel von Sonne und Schatten, Wind und Frost
formt vergängliche Kunstwerke aus Schnee und Eis.

Eine Alpendohle trotzt zusammengekauert Kälte und Schnee.

Die „Geierwally-Hütte“ auf der Innsbrucker Nordkette bildete die Kulisse für die Verfilmung des Lebens der „Geierwally“ Anna Stainer-Knittel.

Ein Steinmann überragt
die 3.000er der Ötztaler Alpen
rund um die Watzespitze.

Ein Gebirgsbach in den Stubaier Alpen bahnt sich
seinen Weg durch den Schnee.

Der Frühling löst den Winter
am Obernberger See ab.

Ein ungewohnter Anblick:
Im Frühjahr wird das Wasser des Achensees abgelassen, um im knapp 400 m tiefer gelegenen Kraftwerk in Jenbach Strom zu erzeugen.

Eingebettet zwischen sanfte Hügel liegen die Becken von Krummsee und Reintaler See bei Kramsach.

Auf hölzernen Stegen und Leitern führt ein Wanderweg von Stans durch die Wolfsklamm empor zum Kloster St. Georgenberg.

Breite Schotterbänke prägen die Flusslandschaft im Lechtal.

Wilde Wasser – der
Grawa-Wasserfall im Stubaital.

Über dem Thiersee nahe Kufstein zeichnet sich das markante Profil des Pendling ab.

Zweifellos einer der schönsten Bergseen der Alpen: Der Obernberger See nahe dem Brennerpass.

GLETSCHERWASSER Die Bergbäche und damit auch die Talflüsse am Tiroler Alpenhauptkamm werden zu einem beträchtlichen Teil vom Schmelzwasser der Gletscher gespeist. Wenn ab Juni die Schneeschmelze am Gletscher einsetzt, steigt der Wasserstand an, und das Wasser entwickelt eine milchige, gelblich-graue Trübung. Dafür verantwortlich ist zu feinem Gesteinsmehl zermahlener Moränenschutt, der unter dem Gletschereis ausgespült wird.

180 m stürzt das Wasser am Grawa-Fall – dem zwar nicht höchsten, aber breitesten Wasserfall der Ostalpen – in die Tiefe.

Vom Schmelzwasser der Gletscher charakteristisch gefärbt fließt das Wasser der Ruetz durchs Stubaital.

Der Schwarzsee, ein kleiner Moorsee bei Kitzbühel, vor der Kulisse des Wilden Kaisers.

Malerisch liegt der Peerlersee, auch Berglersee genannt, in einem Felsbecken hoch über Sölden im Ötztal.

Hinter dem Blindsee, etwas unterhalb des Fernpasses gelegen, ragt die Ehrwalder Sonnenspitze (links der Bildmitte) als gleichmäßiger Kegel auf.

Obwohl der Plansee im Außerfern, Tirols zweitgrößter See, für ein Speicherkraftwerk genutzt und von Ausflugsschiffen befahren wird, hat sein Wasser Trinkwasserqualität.

1909 wurde der Heiterwanger See durch einen 300 m langen Kanal mit dem größeren Plansee verbunden, um dem Speicherkraftwerk größere Wassermengen zuführen zu können.

Wie Augen blitzen kleine Bergseen aus den Hochwiesen im Kühtai auf.

Der Speichersee bei Ellmau versorgt im Winter die Schneekanonen der „Skiwelt Wilder Kaiser“.

DAS TIROLER MEER Langgestreckt und eingezwängt zwischen Steilhängen liegt der Achensee wie ein Fjord auf 929 m Seehöhe. Während der letzten Eiszeit vor 20.000 Jahren schabte das Gletschereis das Achental aus und hinterließ ein bis zu 133 m tiefes Becken, das der Achensee mit knapp 500 Millionen Kubikmeter sehr kaltem und sehr klarem Wasser ausfüllt.

Wie eine Burg steht das Felsmassiv der Spritzkarspitze über dem Großen Ahornboden in der Eng, dem Talschluss des Rißtales, das von Deutschland aus ins Karwendel führt.

Selten liegen Bergwildnis und Stadt so nahe beieinander wie hier: Auf der Nordkette steht man direkt am Rand der Urwelt des Karwendelgebirges, und gleichzeitig nur eine halbe Seilbahnstunde vom Zentrum Innsbrucks entfernt.

Die Morgensonne wirft ihr erstes Licht
auf die Berge des Tannheimer Tals –
deutlich zeichnen sich Aggenstein,
Gimpel und Rote Flüh ab.

Der Inn ist der größte Fluss Tirols. Bis zum Bau der Eisenbahn war er einer der wichtigsten Verkehrswege und vor allem für den Gütertransport von großer Bedeutung: In der Hochblüte des Bergbaus wurden unzählige Tonnen Kupfer, Eisenerz, Silber und Salz über den Inn transportiert.

Ein geglücktes Beispiel der Verbindung moderner Architektur mit traditionellen Einflüssen ist dieser Supermarkt in Niederndorf.

STADT UND LAND

Verträumte Bergdörfer fern der großstädtischen Hektik, alte Bauernhäuser, die sich um den Dorfplatz mit Kirche, Pfarrhaus und Brunnen drängen, umgeben von Wiesen und Feldern – das ist eines der klassischen Bilder von Tirol, und nicht zu Unrecht: Tatsächlich ist Tirol bis heute ländlich geprägt. Nur ein knappes Drittel der Gesamtbevölkerung lebt in den elf Städten Tirols (Hall, Imst, Innsbruck, Kitzbühel, Kufstein, Landeck, Lienz, Rattenberg, Schwaz, Vils und Wörgl) – in Gesamtösterreich ist das Verhältnis umgekehrt.

Wobei: Was in Tirol Dorf ist und was Stadt, lässt sich auf den ersten Blick oft nur schwer sagen: Dorfgemeinden wie Absam oder Axams im „Speckgürtel" rund um Innsbruck haben fünfzehn- bis zwanzigmal so viele Einwohner wie Rattenberg, die mit etwas über 400 Einwohnern kleinste Stadt nicht nur Tirols, sondern ganz Österreichs. Telfs dagegen, nach Innsbruck und Kufstein die drittgrößte Gemeinde, erweckt auf den ersten Blick den Eindruck einer lebendigen, geschäftigen Kleinstadt, ist aber „nur" Marktgemeinde. Vils im Außerfern wiederum besitzt zwar im Gegensatz zur Bezirkshauptstadt Reutte seit 1327 das Stadtrecht, verströmt aber die Atmosphäre einer dörflich geprägten Gemeinde.

Die Blütezeit vieler Tiroler Städte fällt in die Ära zwischen dem 15. und dem 17. Jahrhundert, in die Ära des Bergbaus in Tirol: In Hall wurde Salz abgebaut, in Jochberg bei Kitzbühel Kupfer, im Gurgltal bei Imst Bleierz, in Brixlegg stand das größte Schmelzhüttenwerk Tirols, in dem

Kupfererz verarbeitet wurde. Auch in Innsbruck bzw. im benachbarten Hötting wurde, im Gebiet der Nordkette, Bergbau betrieben. Das größte Bergwerk nicht nur Tirols, sondern ganz Europas stand jedoch in Schwaz: Im frühen 16. Jahrhundert förderten dort 7.400 Knappen über 15 Tonnen Silber jährlich – das waren 85 % des weltweit geförderten Silbers. Daneben wurden hunderte Tonnen Kupfer pro Jahr abgebaut, das im Gegensatz zum Silber, das den Landesfürsten vorbehalten war, frei am Markt verkauft werden durfte. Schwaz zählte damals 20.000 Einwohner – nach heutigen Maßstäben nicht viel, damals war Schwaz aber nach Wien die zweitgrößte Stadt des Habsburgerreichs.

Zwar ging die Bedeutung des Tiroler Bergbaus ab dem 17. Jahrhundert stark zurück – nicht zuletzt, weil die Preise für Bodenschätze durch die Importe aus der amerikanischen „neuen Welt“ einbrachen –, der Reichtum der damaligen Zeit lässt sich aber bis heute an den Tiroler Städten ablesen: Reich ausgestattete Ansitze, Burgen und Schlösser, prunkvolle Kirchen, aber auch für damalige Verhältnisse luxuriöse Bürgerhäuser prägen die Altstädte z.B. von Schwaz, Hall, Rattenberg oder Innsbruck.

Neben seinen Bodenschätzen profitierte Tirol in allen Phasen seiner Geschichte auch von seiner verkehrsstrategisch bedeutenden Lage. Das gilt insbesondere für die Brennerachse, die Route von Kufstein über Innsbruck und das Wipptal Richtung Süden. Der Brennerpass wurde schon in frühgeschichtlicher Zeit als Übergang genutzt, während der Römerzeit ausgebaut, und hat seither nichts von seiner Bedeutung eingebüßt. Im Gegenteil, spätestens mit dem Bau der Brennerautobahn wurde der Brenner zu einer der zentralen Nord-Süd-Verbindungsachsen in Europa. Vom regen Handels- und Personenverkehr haben zwar einerseits die Gemeinden entlang dieser Strecke über Jahrhunderte profitiert – davon zeugen etwa die reich ausgebauten Gasthöfe in Matrei, Steinach oder Gries. Zugleich leiden die Bewohner vor allem im Wipptal aber auch unter der stetig wachsenden Umwelt- und Lärmbelastung durch den Transitverkehr.

Trotz aller Eingriffe und Veränderungen findet man auch heute nicht nur die Kulturschätze der Städte, sondern auch die stille, einfache Schönheit von Dorfplätzen, Bauernhäusern und Landkirchen.

Eine zweite wichtige Verkehrsroute durchquert Tirol entlang des Inns in West-Ost-Richtung – am Kreuzungspunkt beider Achsen, wo das Wipptal auf das Inntal trifft, wurde die Landeshauptstadt Innsbruck gegründet, die schon früh als Handels- und Militärstützpunkt genutzt wurde. Ähnliches gilt, wenn auch in bescheidenerem Ausmaß, für Lienz: Die Hauptstadt Osttirols profitierte nicht nur vom Handelsverkehr durch das Pustertal, sondern auch von jenem zwischen Friaul und Salzburg über den Plöckenpass und den Gailbergsattel.

Sieht man von wenigen Ausnahmen ab, so beschränkte sich der Wohlstand im historischen Tirol allerdings vorwiegend auf die Städte, insbesondere auf jene im Inntal. Das Leben in den Dörfern war dagegen bescheiden: Die Landwirtschaft in den engen Bergtälern und an den steilen Hängen war beschwerlich und wenig ertragreich, das Klima hart mit langen Wintern und Frost oft bis spät ins Frühjahr hinein. Während das

Alltagsleben der Menschen sich heute in Stadt und Land zunehmend angleicht, lebte man in früheren Jahrhunderten in zwei verschiedenen Welten: Hier einfache Dörfer mit unbefestigten Straßen, in denen man weitgehend unter sich war und die man auch nur zu seltenen Anlässen verließ; und dort lebendige, solide gebaute Städte, die in regem Austausch mit der Umgebung standen.

Erst mit dem Aufkommen des Alpentourismus in Tirol ab der Mitte des 19. Jahrhunderts fand der Wohlstand vermehrt seinen Weg in den ländlichen Raum. Die Infrastruktur in den Tiroler Seitentälern wurde stetig ausgebaut und verbessert, auch abgelegene Regionen, in denen die Touristen Stille, Ursprünglichkeit und eine unberührte Natur zu finden hofften, wurden zugänglich gemacht, Hotels und Seilbahnen gebaut. Zunehmend ersetzte der Tourismus die Landwirtschaft als bestimmenden Wirtschaftsfaktor.

Wie viele Entwicklungen hat auch diese Licht- und Schattenseiten: Gerade von ihrer Lage her benachteiligte Regionen wie das Arlberggebiet, Ötztal und Pitztal profitierten von der Erschließung der Berge durch Seilbahnen. Gemeinden wie Ischgl, Fiss, Sölden oder Galtür, früher abgeschiedene Bergbauerndörfer, die unter starker Abwanderung zu leiden hatten, zählen heute zu den reichsten Gemeinden des Landes. Zugleich hat der Tourismus aber auch die Landschaft, das traditionelle Erscheinungsbild und das dörfliche Leben nachhaltig verändert – und touristische Großprojekte wie z.B. Seilbahnen sorgen regelmäßig für hitzige Diskussionen.

Dennoch: Trotz aller Eingriffe und Veränderungen findet man auch heute, wenn man mit offenen Augen durch Tirol geht, nicht nur die Kulturschätze der Städte, sondern auch die stille, einfache Schönheit von Dorfplätzen, Bauernhäusern und Landkirchen – und immer öfter auch geglückte Verbindungen von traditioneller und moderner Architektur, von Alt und Neu. ■

Architektur traditionell und modern: Die aus roh behauenen Vierkanthölzern gebaute Fassade eines Bergbauernhauses und das 2002 eröffnete neue Rathaus in Innsbruck, das nach Plänen des französischen Architekten Dominique Perrault errichtet wurde.

Peter Kogler gestaltete die Fassade der Jenbacher Werke mit einem Geflecht aus Röhren.

Eine Dornenkrone als Symbol für die Teilung Tirols nach 1918 stand im Mittelpunkt der Landesfestumzüge 1959 und 1984 zum Jubiläum des „Tiroler Freiheitskampfes" von 1809. Seit 1997 ist die Dornenkrone in Telfs aufgestellt.

Johann Jakob Zeiller, ein Meister
der „Lüftlmalerei“, gestaltete die Fresken
auf dem Grünen Haus (oben)
und dem Zeiller-Haus (unten) in Reutte.

Biblische Szenen zieren die Fassaden des barocken Schwarzinger-Hauses in St. Johann (oben) und des Gasthofs Stern in Ötz (unten), dessen Fresken bis auf das Jahr 1573 zurückgehen.

DIE JAGD DES KLEINEN MANNES Während die „normale“ Jagd über Jahrhunderte hinweg ein Privileg von Adel und Klerus war, durfte der Vogelfang seit einem Edikt von Kaiser Rudolf II. im Jahr 1579 von jedermann betrieben werden. Mit Leimruten machten sich die Vogelfänger auf die Jagd – allerdings nicht, um die Singvögel danach zu essen, sondern um sie in Käfige zu sperren und sie in den Städten zu verkaufen. Noch heute zeugen nicht nur Redewendungen wie der „Lockvogel“ oder „auf den Leim gehen“ von der großen Bedeutung des Vogelfangs in Tirol, sondern auch das bekannte Vogelfängerlied: „Alle Buabn, alle auf und außer aus die Better, morgn gian miar Vögelfochn, es werd jo es schönste Wetter.“

Am Eingang der Rosengartenschlucht in Imst liegt die einzigartige Siedlung der „Berglhäuser“: Infolge der Platznot im Stadtzentrum wurden die Häuser in die 100 m hohe Wand aus lockerem Konglomeratgestein gegraben.

Die Vogelhändlergasse in Imst erinnert an die Zeiten,
in denen Imst die Hochburg der Vogelfänger in Tirol war.

Vor der Kulisse der Lechtaler Alpen
breitet sich das sanfte Imster Becken aus.

Die Altstadt von Hall – die größte mittelalterliche Altstadt in Nordtirol – zeugt noch heute vom Reichtum der Stadt während der Hochblüte des Salzbergbaus.

Turm neben Turm: Der Glasturm des Parkhotels in Hall
macht der Felsmauer des Bettelwurfs Konkurrenz.

Zaha Hadid ist die prägende Architektin des modernen Innsbruck. Von ihr stammen die Entwürfe zur neuen Skisprungschanze am Bergisel (oben) ebenso wie zur neuen Standseilbahn auf die Hungerburg (unten: Station Löwenhaus).

HUNGERBURGBAHN
ATION CONGRESS

Dicht aneinandergedrängt stehen die gotischen Bürgerhäuser in der Innsbrucker Altstadt. Aus der Fassade jedes Hauses ragen Erker, mit denen man nicht nur die Wohnfläche vergrößern, sondern auch mehr Tageslicht in die Räume bringen konnte.

Das Goldene Dachl, bekanntestes Wahrzeichen von Innsbruck, trägt seinen Namen nur halb zu Recht: Eigentlich bestehen die rund 3.000 Schindeln aus Kupferblech, sind aber mit einer dünnen Goldschicht überzogen.

Die Triumphpforte in Innsbruck ist ein Denkmal der Freude und Trauer zugleich: Errichtet wurde sie zu Ehren der Hochzeit von Erzherzog Leopold mit Prinzessin Maria Ludovica, die 1765 in Innsbruck abgehalten wurde. Wenige Tage nach der Hochzeit verstarb Leopolds Vater, Kaiser Franz I. Stephan. Auf einem 1774 angefertigten Marmorrelief, das die Triumphpforte krönt, wurde der verstorbene Kaiser gemeinsam mit seiner Gattin Maria Theresia verewigt.

LANDESTHEATER

Die Häuserzeile von Mariahilf auf der Nordseite des Inns geht auf die 1165 errichtete Marktsiedlung „Anbruggen“ zurück.

ZU FUSS NACH ALPBACH Jedes Jahr treffen sich Größen aus Politik, Wirtschaft, Kultur und Wissenschaft im beschaulichen Alpbach zum „Europäischen Forum". Entstanden ist dieser Kongress aus einer weit bescheideneren Veranstaltung: 1945 beschloss eine Gruppe junger Wissenschaftler um Otto Molden, eine Hochschulwoche abzuhalten. Man machte sich auf die Suche nach einem geeigneten Veranstaltungsort – keine leichte Aufgabe in den ersten Nachkriegsjahren. Schließlich fiel der Name Alpbach, man fuhr nach Brixlegg, stieg auf offenem Feld aus dem Zug, überquerte den Inn in einem Boot – die Brücke war von Bomben zerstört – und machte sich zu Fuß auf den Weg ins Alpbachtal. Zehn Jahre später ging aus diesen Hochschulwochen das „Europäische Forum" hervor.

Am Eingang des Wipptals, das von der markanten Europabrücke beherrscht wird, dehnen sich die weitläufigen Mittelgebirgsterrassen zwischen Igls und Patsch aus.

Das moderne Congress Centrum Alpbach fügt sich sanft in das Ambiente des Dorfes ein.

Eingebettet in eine grandiose hochalpine Landschaft liegt auf 1.890 m das Bergsteigerdorf Vent, Ausgangspunkt für viele hochalpine Bergtouren in den Ötztaler Alpen.

Als „Niwenstift im tal ze Stubai“ wird Neustift, der letzte größere Ort vor dem Talschluss des Stubaitals, im 14. Jahrhundert in Urkunden bezeichnet, und bis heute nennt man die Bewohner von Neustift auch die „Tholer“.

Die Holzgestelle der „Heumandln“ warten vor einem Bauernhof in Obertilliach darauf, dass nach der ersten Mahd das Gras auf ihnen zum Trocknen aufgelegt wird.

PASSIONSSPIELE Seit dem Jahr 1613 sind die traditionellen Passionsspiele in Erl nachweisbar. Sie führen eine mittelalterliche Tradition von Osterspielen fort, die die biblische Geschichte der Karwoche, vom Einzug Jesu in Jerusalem am Palmsonntag bis zu seiner Kreuzigung, wiedererstehen lassen. Die Passionsspiele in Erl sind dabei nicht nur ein volkskulturelles, sondern auch ein soziales Ereignis: Bis zu 500 Personen sind als Schauspieler an den Aufführungen beteiligt, mehr oder weniger das gesamte Dorf ist in die Vorbereitung der Passionsspiele involviert.

Nach Plänen des Clemens-Holzmeister-Schülers Robert Schuller wurde 1957 bis 1959 das für seine Akustik berühmte Festspielhaus in Erl errichtet.

Kirch- und Pulverturm bilden ein Paar
in der Altstadt von Kitzbühel.

Vom Festungsberg überblickt man
die Innenstadt von Kufstein.

DIE KLEINSTE STADT Im Mittelalter war Rattenberg eine der bedeutendsten Städte in Tirol: Es lag an einem wichtigen Verkehrsknotenpunkt, an dem die Landstraßen aus Bayern, Wörgl, Innsbruck und Salzburg zusammentrafen, dazu kam noch eine Anlegestelle der Innschifffahrt. Im Mittelalter profitierte Rattenberg auch vom Kupfer- und Silberbergbau in der Region, der den Grundstein für die reiche Gestaltung der Altstadt legte. Doch dem Wachstum der Stadt waren Grenzen gesetzt: Rattenberg liegt eingezwängt zwischen Fels und Fluss und konnte sich kaum ausdehnen. So präsentiert sich Rattenberg, mit 405 Einwohnern die kleinste Stadt Österreichs, bis heute als geschlossenes mittelalterliches Ensemble.

Die mittelalterliche Altstadt von Rattenberg mit dem Rathaus (links) und der innseitigen Häuserfront, die vom Turm der Stadtpfarrkirche überragt wird (rechts).

Bergbauernhöfe in unverfälschter Architektur finden sich bis heute im Alpbachtal.

Im vorderen Stubaital, vor der Kulisse der Kalkkögel, liegt Telfes. Überragt werden die Wohnhäuser und Hotels des Ortes vom 63 m hohen Turm der Pfarrkirche.

ZU GAST IN ROFEN

Die Rofenhöfe bei Vent im Ötztal sind mit 2.009 m die höchstgelegene durchgehend bewohnte Siedlung in Österreich. Bereits früh erhielt das ab dem 13. Jahrhundert besiedelte Rofen politische Vorrechte, was die Sage so erklärt: Nachdem er auf dem Konzil von Konstanz geächtet worden war, floh Herzog Friedrich „mit der leeren Tasche“ nach Rofen. Da er nicht erkannt werden wollte, gab er sich als Knecht aus und half den ganzen Winter über bei der harten Arbeit am Hof. Als er später seine politische Macht wieder gefestigt hatte, zeigte Friedrich seine Dankbarkeit gegenüber den Rofnern, indem er ihnen vollständige Steuerfreiheit und andere Vorrechte gewährte.

Über Jahrhunderte hinweg perfektionierten
die Menschen in Tirol die Techniken, mit einfachen
Naturmaterialien Bauwerke zu schaffen,
die Wind und Wetter widerstehen konnten.

DIE VENEDIGER Eine wichtige Figur in der Tiroler Sagenwelt sind die „Venedigermandln“: Diese geheimnisvollen Gestalten kennen die Schätze, die im Inneren der Berge verborgen sind, und treten mit Taschen voller Gold und Edelsteinen aus den geheimen Felsgängen. Hin und wieder beschenken sie einen armen Bauern oder Knecht als Dank für seine Hilfe, oder sie zeigen ihm, wo er in den Fels graben muss. Man vermutet, dass diese Sagenfigur ein reales Vorbild in mittelalterlichen Erzprospektoren besitzt: Diese Fachleute für Bergbau, die häufig aus Norditalien stammten, wurden von Bergwerksbetreibern engagiert, um die Lagerstätten der Bodenschätze ausfindig zu machen.

Als Museum wieder zugänglich gemacht wurden einige Stollen des ehemaligen Silberbergwerks in Schwaz.

Bis zu 15.000 Tonnen Salz wurden in den Bergwerken rund um Hall pro Jahr gewonnen. Auf 1.485 m liegt der Kaiser-Max-Stollen, den Maximilian I. höchstpersönlich 1492 eröffnete.

Kônig Max Stollen
aufgeschlagen im J. 1492.
GLÜCK AUF!

DOM
LAVRENTIO
STEPHANO
SACRVM

Der Sage nach wurde das Prämonstratenserstift in Wilten vom Riesen Haymon gegründet, der nach seinem Sieg gegen den Riesen Thyrsus von einem Mönch zum Christentum bekehrt wurde.

KIRCHEN UND BURGEN

Wer regiert Tirol? Der Landeshauptmann, würde man heute wohl sagen, die Landesregierung, oder eigentlich: die Tiroler, die ihren Landtag und damit indirekt auch ihre Regierung wählen. Vor ein paar hundert Jahren wäre diese Frage jedoch nicht so einfach zu beantworten gewesen.

Über Jahrhunderte hinweg, insbesondere im Früh- und Hochmittelalter, waren die Machtverhältnisse im heutigen Tirol unübersichtlich. Bevor Meinhard II. im 13. Jahrhundert das Land einte, war es zersplittert in kleine Herrschaftsgebiete und Grafschaften, die in wechselnden Allianzen ihre Einflussgebiete verteidigten. Bis heute bilden zahlreiche Burgen bzw. deren Ruinen sichtbare Zeichen dieser Epoche. Sie waren einerseits kleine Militärzentralen, meist an einem erhöhten Punkt gelegen, um feindliche Truppen früh sichten zu können, und gut befestigt. Darüber hinaus stellten sie auch deutlich sichtbare Insignien der Macht und des Wohlstandes ihrer Herren dar. Und nicht zuletzt waren die Burgen auch ganz einfach Wohnstätten – und zwar in der Regel nicht besonders komfortable: Die Räume waren oft karg eingerichtet, kaum zu beheizen, und das Leben in ihnen arm an Abwechslung.

Als das politische Leben in Tirol in späteren Jahrhunderten in ruhigere Fahrwasser geriet, verloren die meisten Burgen ihre ursprüngliche Bedeutung. Die wohlhabenden Adeligen zogen das angenehmere Leben in den Städten vor, viele Burgen wurden verlassen und verfielen. Nur wenige Burgen blieben bewohnt und wurden zum Teil zu Ansitzen und Schlössern umgebaut, wie etwa Schloss Tratzberg an den Hängen des Stanser Jochs: Als die ursprüngliche Burg niederbrannte, überließ Kaiser Maximilian I. die Ruine der Familie Tänzl, die durch den Bergbau in Schwaz reich geworden war. Die Inhaber begannen mit dem Ausbau von Tratzberg, den spätere Besitzer fortsetzten. Insbesondere die Fugger, die Tratzberg 1589 erwarben, ließen das Schloss mit aufwändigen Täfelungen, Eisenarbeiten und Fresken luxuriös ausstatten und machten es so zu einem der prächtigsten Schlösser des Alpenraums.

Überragt wird Tratzberg in Tirol wohl nur von Schloss Ambras, das seine heutige Gestalt unter Ferdinand II. erhielt. Ferdinand ließ nicht nur das Schloss und seinen Park prunkvoll ausbauen, sondern richtete auch die einzigartige Kunst- und Wunderkammer ein, eine Sammlung von Kunstgegenständen, wissenschaftlichen Präparaten und Kuriosa von unschätzbarem Wert.

Neben den Machtkämpfen innerhalb des Adels, die Tirol das Mittelalter hindurch prägten, standen sich auch weltliche und kirchliche Herrscher im Konflikt um die Vorherrschaft im Land gegenüber. Wobei: So klar ließ sich diese Grenze früher gar nicht ziehen, denn damals war es nicht ungewöhnlich, dass hohe Kirchenmänner politische Ämter innehatten, und dass umgekehrt der Adel seine Vertrauensmänner in den kirchlichen Dienst entsandte.

Den offenen Konflikt mit der Kirche suchte Meinhard II. Als er 1258 die Nachfolge seines Vaters antrat, musste er die Macht über Tirol mit den Bischöfen von Brixen und Trient teilen. Mit allen Mitteln, auch mit Gewalt, bekämpfte er deren Herrschaftsansprüche und trat schließlich als Sieger und einziger Landesherr aus dieser Auseinandersetzung hervor.

Das höchste, am reichsten ausgestattete Bauwerk ist in den meisten Dörfern in Tirol die Kirche.

In den folgenden Jahrhunderten fand das Verhältnis zwischen Adel und Kirche zu einer gewissen Normalität: Die Kirche akzeptierte die politische Herrschaftsgewalt, der Landesfürst anerkannte das Monopol der Kirche für die Antworten auf die Grundfragen des Lebens und der Moral. Diese gesellschaftliche Bedeutung der Kirche ist bis heute unübersehbar: Das höchste, am reichsten ausgestattete Bauwerk ist in den meisten Dörfern in Tirol die Kirche – hoch zum Himmel reichende Türme und prunkvoll gestaltete Innenräume demonstrieren nicht nur die Frömmigkeit und Gottesfurcht der Bevölkerung, die sie errichtete, sondern weisen auch auf die mächtige Stellung der Kirche im Land hin.

Nicht weniger interessant, wenn auch von eher kulturhistorischem Interesse, sind zahlreiche kleine Kirchen und Bildstöcke, die vor allem am Land errichtet wurden: Als Dank für die Rettung vor Krankheit und Unfällen, als Bitte um Verschonung von Unglück, oder einfach nur als kleine Stätten der Besinnung finden sich schlichte Kapellen oder naiv bemalte „Marterln“ an Feldwegen oder im Wald.

Und auch die Herrschenden selbst ordneten sich den Regeln der Kirche meist unter. Es war eine Selbstverständlichkeit, dass jede Burg, jeder Ansitz seine eigene, oft reich ausgestattete Kapelle besaß. Manche Landesherren wandten darüber hinaus enorme Summen für kirchliche Bauten auf, die sie gleichzeitig zu Denkmälern ihrer eigenen Macht und ihres Reichtums machten. Dazu zählt zum Beispiel das Zisterzienserstift in Stams, das Meinhard II. als Grabstätte für die Tiroler Landesfürsten ausersehen hatte. Tatsächlich sind große Herrscherpersönlichkeiten wie Erzherzog Sigmund „der Münzreiche", Maria Bianca Sforza oder eben Meinhard II. selbst in Stams begraben.

Ein anderes und wohl noch eindrucksvolleres Baudenkmal ist das Grab von Kaiser Maximilian I. in der Innsbrucker Hofkirche. Maximilian beschäftigte sich schon früh mit dem Plan, sich selbst nach seinem Tod ein monumentales Denkmal zu setzen. So gab er in Auftrag, überlebensgroße Bronzefiguren von Mitgliedern seiner Familie, großen europäischen Herrschern und wichtigen Persönlichkeiten des europäischen Christentums zu gießen – sie, so war Maximilian überzeugt, wären eine würdige Gesellschaft für ihn.

Allerdings legte sich Maximilian erst auf seinem Totenbett 1519 fest, wo er begraben sein wollte: In der Georgskapelle in Wiener Neustadt. Die Bronzestatuen waren für diese kleine Kapelle jedoch zu schwer. Also entschied sich Maximilians Enkel Ferdinand I. für einen salomonischen Kompromiss: Er ließ zwar Maximilian in Wiener Neustadt begraben. Zugleich beschloss er aber, ein zweites Grabmal in Innsbruck zu errichten – einer der Lieblingsstädte Maximilians, in deren Umgebung er häufig und gern zur Jagd gewesen war, und der er mit dem Goldenen Dachl ihr Wahrzeichen geschenkt hatte. So ließ Ferdinand neben der Hofburg eine Grabkirche erbauen, deren Zentrum der leere, von den prunkvollen Relieftafeln Alexander Colins verzierte Kenotaph bildet. Eine Statue von Maximilian findet sich auf dem Dach des Grabmals – in einer für einen Kaiser ungewöhnlichen knienden Pose, aber auf Augenhöhe mit dem Allerheiligsten im Altar. Flankiert wird das Grab von den 28 „schwarzen Mandern" (unter denen sich übrigens auch vier Frauen befinden), 23 Heiligenstatuen und 21 Kaiserbüsten: die in Maximilians Sinn standesgemäße Begleitung eines Herrschers, dessen Selbstüberhöhung aus heutiger Sicht befremdlich erscheinen mag – der aber im Dienste seines Nachruhms ein einzigartiges Grabdenkmal und einen der größten Kulturschätze Tirols geschaffen hat. ■

Durch ein prachtvolles schmiedeeisernes Gitter aus der Werkstatt von Adam Neyer (1707) betritt man den barocken Innenraum der Wiltener Stiftskirche.

Die Wiltener Basilika in Innsbruck wird auch „Unsere Liebe Frau unter den vier Säulen“ genannt: Die gotische Marienstatue auf dem Hochaltar wird von einer riesigen Krone überdacht, die auf vier Marmorsäulen ruht.

Als Höhepunkt des Tiroler Rokoko gilt die vom Götzner „Bauersmann, Maurermeister und Stukkatorer“ Franz Singer erbaute Pfarrkirche in Götzens.

Die Ottoburg am Eingang zur Altstadt von Innsbruck gilt als eines der ältesten Häuser der Stadt. Vor dem spätgotischen Bau erinnert eine Skulptur des Tiroler Bildhauers Christian Plattner an die Kämpfe bei der Innbrücke im Jahr 1809.

Im Lauf der Jahrhunderte wechselte die von Erzherzog Sigmund „dem Münzreichen“ erbaute Hofburg mehrfach ihre Gestalt. Sein heutiges Aussehen im Stil des Rokoko erhielt der Prachtbau unter Kaiserin Maria Theresia im 18. Jahrhundert.

Der Riesensaal in der Innsbrucker Hofburg trägt seinen Namen eigentlich zu Unrecht: Zwar zeigte der Saal früher die Heldentaten des griechischen Halbgottes Herkules. Maria Theresia ließ den Prunksaal aber zu einem „Familiensaal" umbauen: Die Gemälde an den Wänden zeigen ihren Ehemann Franz Stephan, ihre Kinder und Enkelkinder, die Deckenfresken stellen die Vereinigung der Häuser Habsburg (Maria Theresia) und Lothringen (Franz Stephan) allegorisch dar.

Drei der Frauen unter den „schwarzen Mandern“ in der Innsbrucker Hofkirche: Elisabeth von Ungarn, Maria von Burgund und Elisabeth von Görz (von links).

Die Kaiserappartements in der Innsbrucker Hofburg vermitteln einen Eindruck vom Prunk, mit dem sich das österreichisch-ungarische Kaiserhaus (unten: Kaiser Franz Joseph I. und seine Gattin Elisabeth) umgab.

Im Mittelpunkt der Hofkirche in Innsbruck steht das – leere – Grabmal von Kaiser Maximilian I. Nach den Bronzefiguren, die Maximilian das letzte Geleit geben, wird die Kirche im Volksmund auch „Schwarzmanderkirche" genannt.

MARIA HILF! Eine einfache, schlicht gekleidete Frau, die ein nacktes Baby im Arm hält: Das Marienbild, das Lucas Cranach d.Ä. im mittleren 16. Jahrhundert geschaffen hat, zählt zu den bekanntesten Mariendarstellungen. Das Originalbild hatte eine lange Reise hinter sich, als es hundert Jahre später im Innsbrucker Dom zu St. Jakob ankam: Cranach hatte das Bild für den Hof in Dresden gemalt, von dort kam es zuerst nach Passau und schließlich im Besitz von Erzherzog Leopold V. nach Innsbruck. Heute finden sich Kopien des Bildes nicht nur in zahlreichen Kirchen und Kapellen, sondern auch an hunderten Häuserfassaden in Tirol.

Die reich mit Engelsfiguren geschmückte Kanzel des Doms zu St. Jakob.

Der Hochaltar im Innsbrucker Dom mit dem Marienbild von Lucas Cranach d.Ä.

Die Säulen des Grabmals von Maximilian III. „dem Deutschmeister" im Innsbrucker Dom sind mit filigranen Naturornamenten verziert.

Schloss Ambras in Innsbruck, eines der prächtigsten Bauwerke Tirols, blickt auf eine knapp 1.000-jährige Geschichte zurück. Seine heutige Gestalt erhielt das Schloss unter Erzherzog Ferdinand II., der es für sich und seine bürgerliche Gattin Philippine Welser im Stil der Renaissance ausbauen ließ.

Das Prunkstück von Schloss Ambras ist der Spanische Saal, zu seiner Zeit der größte Renaissancesaal nördlich von Italien, mit seiner kunstvollen Kassettendecke und den Porträts von 27 Tiroler Landesfürsten.

Das ehemalige kleine Kloster St. Martin in Gnadenwald liegt am Fuß der mächtigen Felsmauern des Karwendels.

MARIA IM LÄRCHENSTOCK Am Fuß der Serles liegt auf 1.638 m Maria Waldrast, eines der höchstgelegenen Klöster Europas. Der Legende nach sollen hier zwei Hirten ein Marienbild gefunden haben, das aus einem dürren Lärchenbaum herausgewachsen ist. Man brachte das Bild ins Tal nach Matrei, wo eine Kirche dafür gebaut werden sollte. Doch der damit beauftragte Zimmermann hörte nachts eine Stimme, die ihm auftrug, die Kirche an dem Ort zu errichten, wo das Bild gefunden worden war: „Im Wald ist ein gruen Fleck im Mosz, da leg dich nyder und rast, so wird dier wol chund gethan die rechte stat." Dieser Aufforderung, so die Legende weiter, kam der Zimmermann nach und suchte den Fundort auf. Dort erschien ihm Maria mit dem Kinde und wies ihn an, an dieser Stelle eine Kirche zu errichten.

Die Johanneskirche in Matrei am Brenner ist ein Juwel der Tiroler Spätgotik.

Das Kloster Maria Waldrast am Fuß der Serles.

Die drei markanten Türme von Hall: Der Münzerturm, der Turm der Pfarrkirche St. Nikolaus und der Turm der Jesuitenkirche.

WALDAUFS RELIQUIEN Florian Waldauf, Sohn einer Osttiroler Bergbauernfamilie, stand als Ritter im Dienst Kaiser Maximilians I. Als er einmal in einen heftigen Sturm geriet, gelobte er, sich dem Christentum zuzuwenden, sollte er verschont werden. Tatsächlich führte Ritter Waldauf, als er einige Jahre später vom Kaiser Burg und Gericht Rettenberg übertragen bekam, ein frommes Leben. Er begann, eine Sammlung von Reliquien anzulegen: Wie viele seiner Zeitgenossen glaubte Waldauf, dass in den Knochen von Märtyrern göttliche Kraft steckte. Später übertrug Waldauf seine einzigartige Reliquiensammlung in seine Kapelle in der Pfarrkirche Hall, wo heute noch einige dieser Reliquien zu sehen sind.

Der Reliquienschrein in der Waldaufkapelle der Pfarrkirche Hall.

Friedberg bei Volders wurde wie viele andere Wehranlagen rund um Schwaz zur Hochblüte des Silberabbaus zu einem reichen Schloss ausgebaut.

Die Karlskirche
bei Volders ist heute
eine beliebte
Hochzeitskirche.

Exponiert über einer Felsschlucht liegt das Bergkloster St. Georgenberg am Ende der Wolfsklamm bei Stans.

AG

ZWEI SCHIFFE, ZWEI TÜRME Die Pfarrkirche von Schwaz besitzt zwei Hauptschiffe mit identischem Grundriss. Früher war die Kirche in der Mitte durch eine Holzwand geteilt: Links war der Bereich, in dem die Bürger den Gottesdienst abhielten, im rechten Hauptschiff beteten die Bergwerksknappen. Dass die Kirche auch zwei Türme besitzt, hat aber einen anderen Grund: Der ursprüngliche Glockenturm wies eine so bedrohliche Neigung auf, dass man befürchtete, er könnte beim nächsten Glockenläuten einstürzen. So errichtete man 1911 einen zweiten, etwas niedrigeren, dafür aber geraden Turm.

Die gotische Pfarrkirche in Schwaz, die größte Hallenkirche Tirols, ist ein Dokument des Wohlstandes der Stadt zur Zeit des Silberbergbaus.

Der Kreuzgang des Franziskanerklosters in Schwaz mit Fresken aus der Zeit um 1520.

DER LEUTEFRESSER Das Geschlecht der Fruntsberger herrschte bis 1467 auf Schloss Freundsberg. Georg von Fruntsberg, ein Zeitgenosse von Maximilian I. und wie dieser wohl einer der letzten „echten" Ritter, trug den wenig schmeichelhaften Beinamen „Leutefresser": Mit unglaublicher Kraft sei er ausgestattet gewesen, ein hervorragender Stratege im Krieg, zugleich aber auch ein feinsinniger, an Kunst und Wissenschaft interessierter Mann, der u.a. Pionierarbeit für die Entwicklung der Feldchirurgie leistete.

Schloss Freundsberg bei Schwaz präsentiert sich mit einem massiven Wohnturm, der aus dem 12. Jahrhundert stammt, und einer im 17. Jahrhundert angebauten Kirche.

Im 18. Jahrhundert wurde die Benediktinerabtei aus dem von Lawinen, Blitzschlägen und Waldbränden bedrohten St. Georgenberg in das neu erbaute Stift Fiecht im Inntal verlegt.

Schloss Tratzberg bei Jenbach überblickt mit seiner imponierenden Fensterfront das Inntal.

Der geräumige Innenhof von Schloss Tratzberg wurde im 16. Jahrhundert reich mit Fresken ausgestattet.

Der 46 m lange Stammbaum der Habsburger wurde zwischen 1506 und 1508 im Auftrag der Brüder Tänzl, Schlossherren auf Tratzberg, geschaffen.

Schloss Matzen am Eingang des Alpbachtals spiegelt sich im Schlossteich.

Zum Schutz des Verkehrswegs entlang des Inns wurde bereits rund um das Jahr 1000 die Burg von Rattenberg erbaut, unter deren Schutz die Stadt, eingeklemmt zwischen Fluss und Burgfelsen, gedeihen konnte.

Im Gegensatz zu den meisten anderen Tiroler Burgen war Lichtenwerth seit seiner Erbauung im 12. Jahrhundert bis heute durchgehend bewohnt.

HELDENKLÄNGE Wenn die Festung von Kufstein das architektonische Glanzstück der Stadt ist, so ist die Heldenorgel ihr akustisches: Bis auf die Gipfel des Wilden Kaisers soll ihr Klang zu hören sein. Errichtet wurde die Heldenorgel 1931 im Gedenken an die Gefallenen des Ersten Weltkriegs und als Klangdenkmal für den Frieden. Die Orgel wurde in den Bürgerturm der Festung eingebaut, der Spieltisch des Organisten liegt 80 m tiefer am Fuß der Festung und ist durch zwei Bleikabel mit dem Orgelwerk verbunden. Mit 4.307 Pfeifen und 46 Registern ist die Heldenorgel die größte Freiluftorgel der Welt.

Die weitläufige mittelalterliche Festungsanlage hoch über der Stadt ist das Wahrzeichen von Kufstein.

Die Katharinenkirche in Kitzbühel, ein Kleinod der Hochgotik.

Mariastein im Nordtiroler Unterland war ursprünglich – wie auch heute noch unschwer zu erkennen ist – eine Burganlage, die die alte Römerstraße entlang des Inns schützen sollte. Heute ist Mariastein vor allem für die Wallfahrtskirche, die sich im Turm befindet, bekannt.

Die Pfarrkirche St. Andreas in Kitzbühel thront
auf einem Hügel über der Innenstadt.

Schloss Weißenstein bei Matrei in Osttirol erhielt seinen Namen von den hellgrauen Dolomitmarmorfelsen, auf denen es gebaut wurde.

Das romanische Kirchlein St. Nikolaus liegt etwas außerhalb von Matrei in Osttirol inmitten von Bauernwiesen.

St. Nikolaus bei Matrei in Osttirol besitzt zwei Altäre: Der Altar im Unterchor zeigt das irdische Paradies und den Sündenfall, der Oberchor, der über zwei Treppen erreicht wird, das Himmlische Jerusalem.

Die Wallfahrtskirche Maria Schnee
in Obermauern im Virgental.

DER OPFERWIDDER

Ein ungewöhnlicher Brauch wird alljährlich bei der Wallfahrtskirche Maria Schnee abgehalten: Als 1635 die Pest in Virgen und Prägraten wütete, gelobte die Bevölkerung, jedes Jahr einen Widder zu opfern, wenn man von der Pest verschont würde. Ursprünglich wurde der weiße, mit Bändern geschmückte Widder von einer Prozession nach Lavant begleitet. 1920 verlegte man die Widderprozession, die alljährlich am Weißen Sonntag stattfindet, nach Maria Schnee.

Reiche gotische Fresken schmücken das Innere der Wallfahrtskirche in Obermauern.

Eine der größten Burganlagen Tirols ist Rabenstein bei Virgen.

Die Ruine der Kienburg in Osttirol, die seit einem Feuer um 1580 nicht mehr bewohnt wird und stetig verfällt.

Schloss Bruck in Lienz, um 1250 erbaut, war bis 1500 Sitz der Grafen von Görz. Heute beherbergt das Schloss ein Museum, in dessen Mittelpunkt das Werk von Albin Egger-Lienz steht.

Die Freiherrn von Wolkenstein-Rodenegg ließen die Liebburg im Zentrum von Lienz erbauen, um einen komfortableren Wohnsitz als das „ungemütliche“ Schloss Bruck nützen zu können. Auf dem Europaplatz vor der Liebburg, die heute das Lienzer Rathaus beherbergt, erinnert eine Statue an die Aufhebung der Leibeigenschaft unter Joseph II.

Ein Schmuckstück auf Schloss Bruck ist die Görzer Kapelle mit den Fresken Simon von Taistens.

Der „Einzug König Etzels in Wien“ von Albin Egger-Lienz auf Schloss Bruck.

Auf dem Kirchbichl von Lavant in Osttirol stehen die Mauern von drei Kirchen: Auf dem höchsten Punkt des Hügels erhebt sich St. Peter und Paul, dessen schlichte Innenausstattung von einem gotischen Flügelaltar dominiert wird (links). Etwas unterhalb steht die barocke Pfarrkirche St. Ulrich (rechts oben). Noch weiter unten liegen die Ruinen einer frühchristlichen Bischofskirche aus dem 5. Jahrhundert, die im Zuge archäologischer Grabungen entdeckt wurden (rechts unten).

Die Lienzer Klause im Osttiroler Leisach wurde zwar bereits im Mittelalter erbaut, ihre historische Sternstunde erlebte sie aber erst im Jahr 1809: Vom österreichischen Militär im Stich gelassen, wehrte sich der Tiroler Landsturm hier erfolgreich gegen die zigfache Übermacht der französischen Truppen und verhinderte deren Einmarsch ins Pustertal.

Etwas erhöht über dem Ort Assling steht die unter
Leonhard von Görz ab 1460 erbaute Kirche St. Korbinian.

DIE HUNNENBURG Glaubt man der Sage, so wurde Burg Heinfels in Osttirol von den Hunnen gegründet. Tatsächlich wird die Burg in alten Aufzeichnungen als „Huonenfels“ bezeichnet, und den höchsten Turm der Anlage kennt man bis heute als „Hunnenturm“. Allerdings meinte man damit nicht die Hunnen, die unter Attila im 5. Jahrhundert Europa heimsuchten, sondern das „Hunnenvolk“ der Awaren, die im Zuge der Völkerwanderung bis ins Pustertal vordrangen und dort Heinfels gegründet haben sollen.

Burg Berneck im Kaunertal wurde zur Sicherung des Wegs über den Piller Sattel erbaut. Die charakteristischen Fachwerkeinbauten wurden vom Schweizer Hans Wilhelm von Mülinen, einem Vertrauten von Herzog Friedrich IV. „mit der leeren Tasche", ergänzt.

In spektakulärer Lage errichtete Erzherzog Sigmund „der Münzreiche“ die Festung Altfinstermünz als Grenzsicherung und Zollstation.

Die Burgruine Schrofenstein trägt ihren Namen zu Recht: In unzugänglicher Lage wacht die Burg, von der heute nur mehr ein Turm steht, über Landeck.

Burg Naudersberg, etwas außerhalb des Ortes gelegen, ist mit 1.380 m Seehöhe eine der höchstgelegenen Burgen Tirols.

Schloss Wiesberg liegt direkt an der 1883 errichteten Eisenbahnbrücke über die Trisanna.

Schloss Landeck erlebte seine Glanzzeit unter der Herrschaft der Schrofensteiner im 15. und 16. Jahrhundert, die es zu seiner heutigen Gestalt ausbauten.

Auf einem Felssporn, der mitten im Inntal bei Zams emporragt, wurde im 14. Jahrhundert die Kronburg erbaut.

Die Johanneskirche in Imst, nach einem Brand 1822 im neoromanischen Stil wiedererrichtet, geht ursprünglich vermutlich auf eine Spitalkirche zurück. Auf dem Johannesplatz vor der Kirche steht die Statue des Seilwerfers, ein frühes Meisterwerk des Imster Künstlers Christian Platter aus dem Jahr 1899.

Die Burschlkirche in Landeck ist eine „Pestkirche“, die auf ein Gelöbnis der Familie Weinzierl in der Pestzeit um 1635/36 zurückgeht. Eine kunsthistorische Rarität besitzt die Kirche mit einem nicht gefassten (d.h. unbemalten) Barockaltar des Schnitzers Michael Lechleitner.

DIE GRÖSSTE FESTUNG Meinhard II. legte den Grundstein zum Bau der Festung Ehrenberg südlich von Reutte, um das Gebiet „außer dem Fern" abzusichern. In den folgenden Jahrhunderten wurde Ehrenberg stetig ausgebaut: Die Ehrenberger Klause sperrte das enge Tal, westlich und östlich davon lagen die barocke Festung Schlosskopf und das Fort Claudia. Im 18. Jahrhundert war Ehrenberg zur größten Festungsanlage in Nordtirol angewachsen. Doch nur wenig später verordnete Joseph II. 1782, alle Festungen Tirols mit Ausnahme von Kufstein aufzulassen. So begann Ehrenberg langsam zu verfallen, bis die Anlage in den vergangenen Jahren revitalisiert und als Museum eingerichtet wurde.

Das malerisch gelegene Schloss Fernstein unterhalb des Fernpasses beherbergt heute ein Hotel.

Die Ruine Ehrenberg war einst eine der bedeutendsten Festungsanlagen Tirols.

DIE ZUNFTBRÜDER Die Zunftbruderschaft von Bichlbach, 1694 gegründet, war eine frühe soziale Einrichtung der in Zünften organisierten Handwerker, insbesondere der Maurer und Zimmerleute. Die Handwerker, die während der „Saison" ihr Geld zumeist im Ausland verdienten, zahlten einen Teil ihres Lohns in die Zunftkasse ein. Mit diesem Geld konnten Zunftmitglieder und ihre Familien Unterstützung in sozialen Notlagen, im Krankheits- oder Todesfall erhalten. Die Zunftkirche von Bichlbach, die von der Bruderschaft ab 1710 erbaut wurde, ist heute die einzige Zunftkirche Österreichs.

Der ebenso beeindruckende wie erschreckende Wundmalchristus von Andreas Thamasch in der Bichlbacher Zunftkirche ist am ganzen Körper von Wunden übersät.

Die barocke Zunftkirche St. Josef in Bichlbach.

Die beliebte Wallfahrtskirche Locherboden liegt am Rand des Mieminger Plateaus über dem Inntal.

DER TANZ MIT DEM TOD

Vor dem Tod sind alle Menschen gleich – dieses Sprichwort könnte als Motto über den Totentanz-Darstellungen stehen, die sich seit dem Spätmittelalter in ganz Europa finden: Ob König oder Knecht, ob Bauer oder Papst, ob Greis oder Kind – wenn der Tod herannaht, verlieren alle irdischen Unterschiede ihre Bedeutung, der Tod reißt jeden Menschen ohne Gnade aus seinem Leben: „Verlassen muast Du Tanz und Spiel, jetzt tanz mit mir zum letzten Ziel“, befiehlt der Tod auf den Tafelbildern von Anton Falger in Elbigenalp dem Bürger.

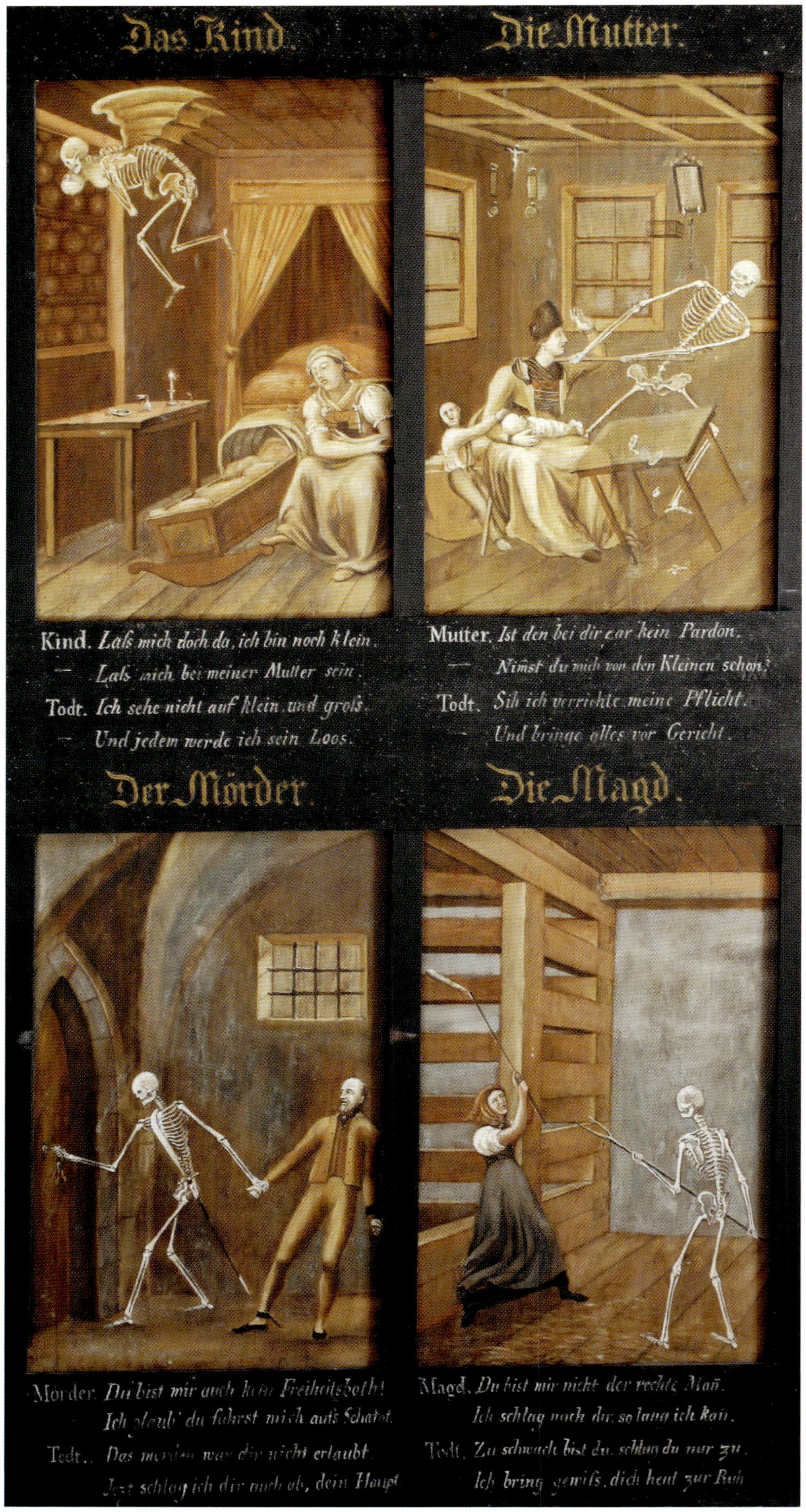

Der Totentanz in der Friedhofskapelle von Elbigenalp wurde 1840 von Anton Falger geschaffen.

Das Zisterzienserstift Stams wurde unter Meinhard II., dem Einiger Tirols, als Grabstätte für die Tiroler Landesfürsten gegründet.

DER JÄGER MAXIMILIAN Kaiser Maximilian I. war für seine Jagdleidenschaft bekannt. Im „Theuerdank", einem von Maximilian beauftragten Werk über sein eigenes Leben, wird berichtet, dass der Held sich einmal auf der Gämsenjagd in der Martinswand bei Zirl verirrte. Dieses historische Ereignis wurde im Lauf der Zeit zur Volkssage ausgeschmückt, nach der Max nach mehreren Tagen in der Wand von einem Engel aus seiner ausweglosen Situation errettet wurde. Die Grotte, die Maximilian zum Dank für diese himmlische Hilfe angeblich einrichten ließ, erreicht man heute über einen aus dem Fels geschlagenen Steig durch die Martinswand.

Der Martinsbühel bei Zirl war schon in der Eisenzeit besiedelt. Heute steht die Burg St. Martinsberg, die Kaiser Maximilian als Jagdschloss diente, neben dem Kirchlein St. Martin.

Ein architektonisches Meisterwerk in Stift Stams ist der von Georg Anton Gumpp gestaltete Bernhardisaal, dessen Malereien Szenen aus dem Leben des Heiligen Bernhard von Clairvaux zeigen.

Der „Zaggeler“, auch „Tschaggeler“ genannt, mit den bunten Quasten an seinem blauen Anzug ist eine wichtige Fasnachtsfigur der Muller und Matschgerer in den MARTHA-Dörfern bei Innsbruck.

BRAUCHTUM UND KUNST

Wie ungleiche Geschwister stehen Brauchtum und Kunst nebeneinander: Ihr äußeres Erscheinungsbild mag oft noch so unterschiedlich oder gar gegensätzlich sein, aber sie besitzen doch starke gemeinsame Wurzeln und werden aus ähnlichen Quellen gespeist. Ebenso wie das traditionelle Brauchtum ist auch die Bildende Kunst von der Erfahrungswelt der Menschen in Tirol inspiriert: dem bäuerlichen Alltag inmitten der Bergwelt, der gemeinsamen Geschichte und, vielleicht an vorderster Stelle, der Religion.

Dass die Kunst in Tirol über viele Jahrhunderte hinweg vor allem von religiösen Motiven geprägt war, liegt nicht nur am hohen Stellenwert des Katholizismus im „heiligen Land“, sondern auch an ganz praktischen Gründen: Neben dem Adel war die Kirche der wichtigste Auftraggeber für Maler, Architekten und Bildhauer. Viele Meisterwerke der Kunst in Tirol finden sich daher in Kirchen und Klöstern – das berühmte Grabmal von Maximilian III. „dem Deutschmeister“ im Innsbrucker Dom etwa, die reichen Ausstattungen der Klöster und der städtischen Pfarrkirchen, aber auch Fresken, Altäre und Heiligenfiguren in kleinen Landkirchen.

Ab dem späten 19. Jahrhundert entdeckte die Tiroler Kunst das bäuerliche Leben und die alpine Landschaft als Motive: Die kantigen Bauerngesichter auf den Gemälden von Albin Egger-Lienz oder die verschneiten Berghänge von Alfons Walde zählen zu den Höhepunkten der Tiroler Malerei vor bzw. an der Schwelle zur Moderne. Und auch später, als sich die Malerei zum Teil vom Realismus verabschiedete und sich der Abstraktion zuwandte, ist in ihr noch der Einfluss der Landschaft und der Tradition Tirols spürbar, etwa in den berühmten Werken von Max Weiler.

Religion und bäuerlicher Alltag sind nicht nur wichtige Bezugspunkte für die Tiroler Kunst, sondern auch die Quellen, aus denen sich das Brauchtum speist. Der Verlauf des Brauchtumsjahrs hängt eng mit dem Arbeitsjahr der Bauern zusammen. Viele der Bräuche sind mit seinen Wendepunkten verknüpft: Die Aperschnalzer versuchen mit ihren Peitschen den Winter zu vertreiben; Beginn und Ende der Weide- bzw. Almsaison werden mit dem Grasausläuten und dem Almabtrieb gefeiert; und das Erntedankfest schließlich markiert das Ende der Erntesaison.

Andere Bräuche sind eng an wichtige Kirchenfeste gebunden: Die Krampusse und „Tuifl" (Teufel), die den Nikolaus begleiten; die geschnitzten Weihnachtskrippen, die das biblische Geschehen oft in eine heimatliche Umgebung verlagern; die Sternsinger, die rund um Dreikönig von Tür zu Tür ziehen; oder die Ostergräber und Fastenkrippen, die in der Karwoche aufgestellt werden. Dass viele dieser Bräuche in den Winter und Vorfrühling fallen, ist dabei kein Zufall – in diesen Monaten gab es weniger Arbeit am Feld, man hatte Zeit und Muße für die Vorbereitung der Feste.

Das gilt auch für den unbestrittenen Höhepunkt des Brauchtumsjahrs, die Fasnacht – oder vielmehr: die Fasnachten, denn jeder der Dutzenden Fasnachtsbräuche, die in allen Teilen Tirols zwischen Dreikönig und Aschermittwoch zelebriert werden, ist ein Kosmos für sich. Das Schemenlaufen in Imst, das Schellerlaufen in Nassereith oder das Schleicherlaufen in Telfs; die Muller und Matschgerer, die in zahlreichen Gemeinden zwischen Innsbruck und Schwaz auftreten; die Bloch- und Larchzieher im Oberland oder die Axamer Wampeler: Sie alle haben ihre eigene, oft über Jahrhunderte gewachsene Dramaturgie, ihre eigenen Spielregeln und Gesetze, die eisern eingehalten werden. Und zu jeder dieser Fasnachten gehört eine Vielzahl an Figuren, Masken und Verkleidungen.

Religion und bäuerlicher Alltag sind nicht nur wichtige Bezugspunkte für die Tiroler Kunst, sondern auch die Quellen, aus denen sich das Brauchtum speist.

Dabei ist die Fasnacht aber viel mehr als bloß ein farbenprächtiger Faschingsumzug. Die tiefere Bedeutung dieses Fests wird deutlich, wenn man sich den Alltag früherer Zeiten vor Augen führt: Nach einem langen, oft existenzbedrohenden Winter – in dem man sich die langen Abende mit den Vorbereitungen für die Fasnacht vertreiben konnte – durfte man sich nun endlich auf den nahenden Frühling freuen. Gleichzeitig stand die Fastenzeit bevor – die Fasnacht war die letzte Möglichkeit, sich noch einmal so richtig auszutoben. Und schließlich erlaubte die Fasnacht auch, die strengen Regeln und Gesetze, an die man sich den Rest des Jahres halten musste, einmal auf den Kopf zu stellen, unter dem Schutz der „Larven" die Verhältnisse umzukehren und in fremde Rollen zu schlüpfen.

Ein anderer Eckpfeiler des Traditions- und Brauchtumslebens sind die über 500 Musikkapellen und Schützenkompanien, die in beinahe jeder Gemeinde Tirols aktiv sind. Die Geschichte der Tiroler Schützen geht bis ins Mittelalter zurück, als den Bürgern und Bauern eine zentrale Rolle in der Verteidigung des Landes zugesprochen wurde. 1511 erließ Kaiser Maximilian I. das „Landlibell", mit dem das eigentliche Schützenwesen begründet wurde. Maximilian legte darin fest, dass im Fall eines Kriegs der „Landsturm", zusammengestellt aus allen wehrfähigen Männern im Land, Tirol verteidigen solle. Damit verbunden war auch das Recht der Bevölkerung, eine Waffe zu tragen.

Im Lauf der Jahrhunderte konnten die Tiroler Schützen immer wieder beweisen, dass sie auch gegen weit besser ausgerüstete professionelle Armeen Widerstand leisten konnten. Dies gilt insbesondere für die Kämpfe gegen die Truppen Napoleons im Jahr 1809: Aus mehreren Schlachten, unter anderem den drei Bergiselschlachten, gingen die Tiroler siegreich hervor, bis sie schließlich im November 1809 doch geschlagen wurden.

Nach dem Ende der Monarchie 1918 verloren die Schützen ihre Bedeutung für die Landesverteidigung. Heute definieren sie sich in erster Linie als Traditionsvereinigung, die das traditionelle Brauchtum und die religiösen und patriotischen Werte der Schützen pflegt. Darüber hinaus haben die Schützenkompanien, ebenso wie die Musikkapellen, aber auch eine große soziale Bedeutung als lebendiger Bestandteil des dörflichen Lebens.

Eine andere Form von Traditionspflege findet in Museen statt, etwa in dem 1974 gegründeten Museum Tiroler Bauernhöfe in Kramsach: Hier wurden Bauernhöfe, Wirtschafts- und Handwerksgebäude und sogar eine Dorfschule aus allen Talschaften Tirols wieder aufgebaut und mit originalen Einrichtungsgegenständen ausgestattet, um eine vom Untergang bedrohte bäuerliche Kultur zu bewahren.

Ein ähnliches Ziel setzt sich das Volkskunstmuseum in Innsbruck, das seinen Besuchern ein einzigartiges Panorama bietet: Bauernstuben und Möbel, Masken und Trachten, Hausaltäre und Krippen. Diese Exponate dokumentieren nicht nur die ungeheure Vielfalt des traditionellen Lebens und des Brauchtums in Tirol. Sie zeigen zugleich auch die Kreativität, Phantasie und Kunstfertigkeit, die nicht nur hinter den Werken der „schönen Kunst" steht, sondern auch hinter jenen des Kunsthandwerks und der Volkskunst. ■

In ihrer Entstehungszeit heftig umstritten waren die Fresken von Albin Egger-Lienz in der Kriegergedächtniskapelle von Lienz, in der der Künstler selbst beerdigt ist.

Mit ihrem modernen Blick auf die Innsbrucker Geschichte und Gegenwart sorgten Max Weilers Fresken am Innsbrucker Hauptbahnhof 1955 für einen Kunstskandal. 2004 wurden die mittlerweile denkmalgeschützten Fresken in die neu errichtete Bahnhofshalle übersiedelt.

Eine „illusionistische Glitzerwelt in 14 Wunderkammern“: 1995 öffneten die von André Heller gestalteten Swarovski Kristallwelten in Wattens ihre Tore, die in das Innere eines wasserspeienden Riesen aus Gras und Efeu führen.

DAS HELDENPANORAMA Der Tiroler Volksaufstand gegen die Franzosen von 1809 ist das emotionale Zentralereignis der Landesgeschichte. Zwar blieb der Kampf gegen die Truppen Napoleons letztendlich erfolglos. Doch das Aufbegehren einfacher Männer aus dem Volk, die mangelhafte Bewaffnung durch Entschlossenheit und Mut, Heimatstolz und Gottvertrauen kompensierten, gilt bis heute als eine Basis der Tiroler Landesidentität. Ein besonderes Denkmal wurde den Männern rund um Andreas Hofer mit dem sogenannten „Riesenrundgemälde“ geschaffen: Auf mehr als 1.000 Quadratmetern wird die dritte Bergiselschlacht vom 13. August 1809, die mit einem Sieg der Tiroler endete, ungemein lebendig und detailreich dargestellt.

Das 1896 eröffnete „Riesenrundgemälde“ zeigt das Aufeinandertreffen des Tiroler Landsturms unter Andreas Hofer mit den Truppen des französischen Marschalls Lefèbvre. Bis 2010 befand sich das Panorama in einer Rotunde bei der Talstation der Hungerburgbahn in Innsbruck, bevor es in das neu erbaute Tirol Panorama am Bergisel übersiedelt wurde.

Fast zwanzig Tonnen schwer waren die Rüstungen, die Ferdinand II. zur Ausstattung der Rüstkammern in Schloss Ambras nach Innsbruck transportieren ließ.

Eine traditionelle Tiroler Bauernstube aus dem Tiroler Volkskunstmuseum in Innsbruck.

DIE RÄTSELHAFTE INSCHRIFT Ein originelles Detail verbirgt sich am Balkon des Goldenen Dachls in Innsbruck: Kaiser Maximilian I. ließ dort Relieftafeln anbringen, die ihn selbst inmitten von Moriskentänzern zeigen – Darsteller eines im Mittelalter beliebten Tanzes orientalischen Ursprungs. Hinter den Figuren verläuft ein Spruchband mit einer Inschrift, die auf den ersten Blick an hebräische Schriftzeichen erinnert. Tatsächlich ist es jedoch bis heute niemandem gelungen, diese rätselhafte Inschrift zu entziffern – und es ist zu vermuten, dass es sich auch lediglich um Phantasieschriftzeichen handelt.

Auf den Relieftafeln am Goldenen Dachl ist auch der Erbauer Maximilian I. selbst zu sehen – der irgendwann im Lauf der Jahrhunderte seine Nase verloren hat.

Ein Gemälde Kaiser Maximilians I. im Museum Goldenes Dachl.

DIE ZWERGENSTADT In der Nähe von Debant, so erzählt eine alte Sage, soll einst ein Herr von Roß einen Acker durchpflügen haben lassen. Dabei entdeckte er einen Boden aus kleinen bunten Steinchen, der verschiedene Figuren und Ornamente zeigte. Unter diesem Fußboden stieß er auf ein nur wenige Zentimeter hohes Gewölbe und schloss daraus, dass er eine Zwergenstadt und die Burg des „Zwergerlkönigs" gefunden habe.
Wie viele Sagen hat auch diese einen wahren Kern: Tatsächlich verlaufen unter den Fußbodenmosaiken einer römischen Villa in Aguntum niedrige Gewölbe – die Reste einer antiken Fußbodenheizung.

Im 1974 gegründeten Freilichtmuseum Tiroler Bauernhöfe in Kramsach wurden Bauernhöfe aus allen Teilen Tirols wiederaufgebaut.

Die Ruinen von Aguntum in Osttirol zählen zu den bedeutendsten Ausgrabungen aus römischer Zeit in Österreich.

„Quetschn", „Ziach" und „Zugin":
Die Ziehharmonika ist ein wesentlicher Bestandteil der traditionellen Tiroler Volksmusik.

REICHE TRACHT Das Brauchtum in Tirol wäre undenkbar ohne die traditionellen Trachten. Ursprünglich meint das Wort „Tracht“ lediglich „das, was getragen wird“ – also die einfache Alltagskleidung. Im Laufe der Jahrhunderte entwickelten sich jedoch im ländlichen Raum aufwändig gestaltete Trachten, die von Tal zu Tal, oft von Dorf zu Dorf unterschiedlich sind. Die klassische Tiroler Tracht besteht bei Frauen aus einem geschnürten Mieder, darunter einer weißen Bluse und einem Faltenrock. Männer tragen eine Joppe über Weste und weißem Leinenhemd, eine knielange Lederhose, einen oft kunstvoll bestickten Gürtel – und am Kopf einen Hut mit Feder- und Blumenschmuck.

Musikkapellen und Schützenkompanien zählen nicht nur zu den wichtigsten Trägern von Trachtenwesen, Tradition und Brauchtum in Tirol; sie sind darüber hinaus ein wichtiger sozialer Faktor in der Dorfgemeinschaft.

In der Tiroler Aufstandsbewegung von 1809 spielten die Schützen eine zentrale Rolle als „inoffizielle Armee“ von Tirol. Bei Jahrestagen von 1809, zuletzt im Jahr 2009, erinnern die Schützen mit einem Festumzug an diese historischen Ereignisse.

Schnitzen, Klöppeln und Federkielstickereien an Ledergürteln: Das traditionelle Handwerk hat seine Bedeutung im Alltag weitgehend verloren und wird meist nur mehr in Museen wie im Höfemuseum Kramsach gepflegt.

so ge
nach

SO GEMMA NACH HAUS

Eines der wichtigsten bäuerlichen Feste ist traditionell der Almabtrieb: Bevor die Hirten ihre Herde am Ende des Almsommers wieder zurück ins Tal treiben, schmücken sie die Kühe mit kunstvollen Gestecken aus Latschenzweigen, Almrausch (Almrosen) und bunten Bändern. Besonders aufwändig wird die „Kranzkuh" geschmückt, die die Herde anführt – sie trägt häufig einen großen Kopfschmuck in Form einer Krone oder eines Kreuzes. Mittlerweile ist der Almabtrieb in Tirol nicht mehr nur ein traditionelles Brauchtum, sondern auch eine Touristenattraktion – die so beliebt ist, dass in manchen Dörfern der Almabtrieb mehrmals wiederholt wird.

Zu Erntedank feiern die Bauern den erfolgreichen Abschluss des Erntejahres. Im Mittelpunkt der Feier steht die meist aus Getreidegarben, Blumen, Feldfrüchten und Buchszweigen geflochtene Erntedankkrone.

Bei kirchlichen Prozessionen, etwa zu Erntedank oder Fronleichnam, wird die Monstranz mit dem Allerheiligsten unter einem „Himmel“ mitgeführt.

St. Michael

Prozessionen sind ein wichtiger Teil des Kirchenjahres. Oft werden bei diesen Bittgängen Heiligenstatuen oder Fahnen mit religiösen Motiven mitgetragen.

Unzählige Wegkreuze, „Marterln“ und Kruzifixe stehen an Feldrändern und Wegen in allen Teilen Tirols.

Als Zeichen des Dankes – etwa für eine erhörte Bitte oder die Verschonung von Krankheit und Not – bringen Pilger selbstgestaltete Votivbilder an einen Wallfahrtsort, wie hier nach Maria Waldrast.

O Wer kann Dich würdig preisen Dir nach Würde Ehr erweisen Du bist über Alle groß!
Glaube Hoffnung Liebe.
Maria hat geholfen 67.
IHS
Maria hat geholfen

Und ſein Grab wird
herrlich ſein.
Jſai. 10.11.

Das Ostergrab in Patsch zeigt den Baum des Paradieses direkt über dem Grab Christi.

PRUNKVOLLE GRÄBER Eines der schönsten Zeugnisse der Volksfrömmigkeit in der Osterzeit sind die Ostergräber, die alljährlich in zahlreichen Tiroler Kirchen aufgestellt werden. Zum Teil wird dabei der gesamte Altarraum mit bemalten Kulissen verbaut, in deren Mittelpunkt das Heilige Grab selbst steht, umrahmt von Kerzen und bunten Glaskugeln. Besonders theatralisch wird die Osternacht in der Pfarrkirche Patsch inszeniert: Während des Auferstehungsgottesdienstes senkt sich eine Gloriole aus den Kulissen herab und verdeckt für einige Augenblicke des Grab. Während dieser Zeit zieht der Mesner die Holzfigur des Leichnams heraus – wenn sich die Gloriole wieder emporhebt, ist Christus auferstanden und das Grab leer.

Wie die meisten der bekannten Heiligen Gräber in Tirol wurde auch jenes in Schönberg in der Barockzeit geschaffen.

Geschnitzte Weihnachtskrippen haben eine lange Tradition in Tirol. Die Schnitzer verlegten das biblische Geschehen häufig in ein tirolerisches, bäuerliches Umfeld – so auch bei der Brugger-Krippe des Thaurer Schnitzkünstlers Johann Giner aus dem 19. Jahrhundert.

Eine relativ neue Fasnachtsgruppe sind die „Gwirzhiatler“ in Götzens. Ihr mit dreißig verschiedenen Gewürzen verzierter Kopfschmuck soll an die Gewürzschmuggler des 19. Jahrhunderts erinnern.

Die „Buebefasnacht“ in Imst ist ein Spiegelbild des vierjährlich stattfindenden Schemenlaufens: Zwei Jahre nach dem Schemenlaufen schlüpfen die Kinder in ihre Masken und Kostüme und ziehen, begleitet von den „Hexenmusikanten“ mit ihren roten Mützen, durch die Stadt.

Die Scheller (hinten) mit ihren großen Glocken und die eleganten Roller (vorne) zählen zu den wichtigsten „Larven“ des Imster Schemenlaufens.

Der Bärentreiber, eine Figur der
Muller-Fasnacht, erinnert an die Schausteller aus früheren Zeiten, die
mit Tanzbären durch das Land zogen.

DIE RAUCHENDE PUPPE Traditioneller Beginn der Telfer Fasnacht ist das „Nazausgraben“: In einem Schotterhaufen schürfen die „Laninger“, eine der wichtigsten Telfer Fasnachtsgruppen, nach dem Naz – einer aus dem Jahr 1860 stammenden Puppe, die, wenn man ihr eine brennende Zigarette in den Mund steckt, sogar rauchen kann. Der Naz ist die Symbolfigur der Telfer Fasnacht – und so ertönt, sobald er ausgegraben wurde, der offizielle Eröffnungsruf: „Es lebe der Naz! Die Fasnacht isch frei!“

Der Schleicherhut ist das „Markenzeichen“ des Schleicherlaufens in Telfs. Oberhalb des mit bunten Bändern verzierten „Türkenbundes“ trägt jeder Schleicher seinen eigenen, besonderen Kopfschmuck.